BEI GRIN MACHT SICH IHR WISSEN BEZAHLT

- Wir veröffentlichen Ihre Hausarbeit, Bachelor- und Masterarbeit

- Ihr eigenes eBook und Buch - weltweit in allen wichtigen Shops

- Verdienen Sie an jedem Verkauf

Jetzt bei www.GRIN.com hochladen und kostenlos publizieren

Bibliografische Information der Deutschen Nationalbibliothek:

Die Deutsche Bibliothek verzeichnet diese Publikation in der Deutschen Nationalbibliografie; detaillierte bibliografische Daten sind im Internet über http://dnb.d-nb.de/ abrufbar.

Dieses Werk sowie alle darin enthaltenen einzelnen Beiträge und Abbildungen sind urheberrechtlich geschützt. Jede Verwertung, die nicht ausdrücklich vom Urheberrechtsschutz zugelassen ist, bedarf der vorherigen Zustimmung des Verlages. Das gilt insbesondere für Vervielfältigungen, Bearbeitungen, Übersetzungen, Mikroverfilmungen, Auswertungen durch Datenbanken und für die Einspeicherung und Verarbeitung in elektronische Systeme. Alle Rechte, auch die des auszugsweisen Nachdrucks, der fotomechanischen Wiedergabe (einschließlich Mikrokopie) sowie der Auswertung durch Datenbanken oder ähnliche Einrichtungen, vorbehalten.

Impressum:

Copyright © 2010 GRIN Verlag
Druck und Bindung: Books on Demand GmbH, Norderstedt Germany
ISBN: 9783668636477

Dieses Buch bei GRIN:

https://www.grin.com/document/388197

Elisabeth Köchl

Braucht die Soziale Arbeit eine Ethik? Auseinandersetzung mit Perspektiven von Wolfgang Klug

GRIN Verlag

GRIN - Your knowledge has value

Der GRIN Verlag publiziert seit 1998 wissenschaftliche Arbeiten von Studenten, Hochschullehrern und anderen Akademikern als eBook und gedrucktes Buch. Die Verlagswebsite www.grin.com ist die ideale Plattform zur Veröffentlichung von Hausarbeiten, Abschlussarbeiten, wissenschaftlichen Aufsätzen, Dissertationen und Fachbüchern.

Besuchen Sie uns im Internet:

http://www.grin.com/

http://www.facebook.com/grincom

http://www.twitter.com/grin_com

Braucht die Soziale Arbeit eine Ethik?
Auseinandersetzung mit Perspektiven von Wolfgang Klug

Inhaltsverzeichnis:

1.: Einleitung: 3

2.: Zum Autor 3

3.: Vorbemerkungen 3

4.: Zwei Einwände gegen eine wissenschaftliche Ethik in der Sozialen Arbeit: 4

5.: Klugs Betrachtungsweise der Ethik – Abgrenzung zur transzendentalen Ethik 6

6.: Berufsethik als Mindestvoraussetzung für die Soziale Arbeit 6

    6.1 Reichen Verpflichtungen des Berufcodes bis ins Privatleben? 7

    6.2 Problematik eines Konflikts mit den Dienstgebern – helfen die deutsche Berufsordnung? 7

    6.3: Weshalb sollte die philosophische Reflexion empirischer Daten helfen? 8

7.: Schluss: 8

Literaturverzeichnis: 10

1.: Einleitung:

In der vorliegenden Arbeit gebe ich die Ansichten von Wolfgang Klug, aus seinem Beitrag „Braucht die Soziale Arbeit eine Ethik? - Ethische Fragestellungen als Beitrag zur Diskussion der Sozialarbeitswissenschaft im Kontext ökonomischer Herausforderungen," wieder und gehe dabei zuerst auf zwei Einwände gegen eine wissenschaftliche Ethik ein, mit denen sich Klug beschäftigt. Anschliessend schildere ich meine eigene Sichtweise und bewerte diese Einwände.

Worauf sich im Folgenden meine Arbeit konzentriert, ist die Beschreibung der Methodik, nach der Klug die Ethik betrachtet und wie sie sich von einer transzendentalen Ethik abgrenzt. Des weiteren geht Klug, und damit auch meine Auseinandersetzung mit dem Thema, auf die Notwendigkeit einer Berufsethik als Mindestvoraussetzung für die Soziale Arbeit ein und beschäftigt sich mit den Berufscodes of Ethik des schwedischen, deutschen und internationalen Berufsverbands, die er hinsichtlich der Reichweite von Verbindlichkeiten reflektiert und u.a. in Fragen der Konfliktklärungshilfe mit ArbeitgeberInnen beleuchtet.

Den Schluss bilden Überlegungen Klugs zur philosophischen Reflexion von empirischen Daten im Zusammenhang mit der Aufgabe der Sozialen Arbeit, für soziale Gerechtigkeit zu sorgen und eine kurze Reflexion Klugs ´Beitrag.

2.: Zum Autor

Wolfgang Klug, geboren 1960, Diplom-Sozialpädagoge (FH), 1988 - 1992 Studium der Philosophie an der Hochschule für Philosophie SJ München, Promotion zum Dr. phil. Von 1986 - 1996 Leiter eines Caritas-Sozialzentrums. Ab 1997 Professor für Methoden der Sozialen Arbeit an der Katholischen Universität Eichstätt-Ingolstadt(sozialnet.de, 2010)

3.: Vorbemerkungen

Im postmodernen Zeitalter, in welchem Kampfgeist und Killerinstinkt zu Tugenden ernannt werden, scheinen Soziale Arbeit und Ethik Auslaufmodelle des postmodernen Zeitgeistes zu sein. Soziale Arbeit und Ethik scheinen in die Defensive zu geraten. Gerade deshalb, und weil, als zentrale These Klugs´ Beitrag, Soziale Arbeit wissenschaftliche Ethik braucht, sollte man über die Verbindung von Sozialer Arbeit und Ethik reflektieren(vgl. Klug, W 2000, S.175).

Es sollten dabei zwei wesentliche Einwände, die gegen eine Ethik in der Sozialen Arbeit aufgeführt werden, betrachtet werden.

4.: Zwei Einwände gegen eine wissenschaftliche Ethik in der Sozialen Arbeit:

1.) Definiert man Soziale Arbeit als reine Technik, in der sich durch methodisch abgesicherte Programme eine ethische Reflexion erübrigt, so ist dies die Perspektive einer technizistisch orientierten Sozialtechnologie. In diesem Sinn spricht auch Luhmann von einer Sozialen Arbeit als Hilfe, die nichts mehr mit Ethik zu tun hat, sondern nur mit durch korrekte Verfahren beschlossenen Programmen. Ethische Fragen seien dann höchstens noch in „Dilemma-Situationen" relevant und die Frage nach der „sozialen Gerechtigkeit" nicht mehr Aufgabe und Interesse der Sozialen Arbeit, sondern der Politik(vgl. ebd.S.176).

Klug wendet zu diesem Argument einerseits ein, dass Soziale Arbeit ein Teil unserer Gesellschaft ist, die in einem Grundkonsens beschlossen hat, Soziale Arbeit als Hilfssystem und Teil einer „Sozialkultur" zu implementieren. Das Wesen eines Grundkonsenses kommt ohne Wertfragen und Entscheidungen nicht aus. Diese Werte sind zum Beispiel die Menschenwürde oder die Humanität. Ausserdem kann sich die Soziale Arbeit allein durch die Beschreibung ihrer Funktion für die Gesellschaft nicht legitimieren, da Fragen nach einer Existenzberechtigung der Sozialen Arbeit immer argumentativ begegnet werden müssen. Dieser gesellschaftliche Diskurs jedoch kommt um ethische Grundsatzfragen nicht herum(vgl. ebd. S.176).

Andererseits führt Klug auch an, dass man gegen den technizistisch orientierten Einwand gegen Ethik in der Sozialen Arbeit, reflektieren sollte, wie weit die Reichweite der Sozialen Arbeit geht. Nach Peter Lüssi soll Soziale Arbeit an der Erhaltung und Verbesserung der Gesellschaft mitwirken, und zwar unter der Leitlinie der sozialen Gerechtigkeit. Nimmt man der Sozialen Arbeit die Verantwortung für soziale Gerechtigkeit, bleiben ihr als Aufgabe vorgegebene Zielgruppen mit denen sie Programme umsetzt. Soziale Arbeit ist ohne Leitlinie „Soziale Gerechtigkeit" keine Menschenrechtsprofession sondern beschränkt sich nur auf ihre vorgegebenen sozialen Probleme. Es zeigt sich dass, will man die Grenzen des Aufgabenbereiches von Sozialer Arbeit festlegen, ethische Entscheidungen getroffen werden müssen(vgl. a.a.O., S. 176 f).

Meines Erachtens kann und darf man der Sozialen Arbeit den Leitstern der „Sozialen Gerechtigkeit" nicht absprechen und ihr nicht die Verantwortung für die Erhaltung und Verbesserung der Gesellschaft nach menschenrechtlichen Grundsätzen, darunter auch die soziale Gerechtigkeit, nehmen, da gerade Soziale Arbeit in ihrer Tätigkeit sehr direkt mit den unterschiedlichsten Alltagen ihres Klientel in Verbindung kommt und belegen kann, dass unterschiedlichste strukturelle Voraussetzungen und vor allem die Deprivation, Wirkfaktoren sind, die in ungerechter Weise das Leben und die Teilhabe von Menschen in der Gesellschaft negativ beeinflussen. Die Politik allein darf nicht Hüterin der „Sozialen Gerechtigkeit" sein, da sie mit ihren Gesetzen bisher nur zu einer Ausweitung der Gegensätze zwischen arm und reich beigetragen hat. Das kann u.a. der neueste Armutsbericht der Statistik Austria belegen. Wirkliche Veränderungen zu einer gerechteren Gesellschaft hin, können nicht in einer top-down- Bewegung von der Politik, deren VertreterInnen in den obersten Milieus der Gesellschaft leben, kommen, sondern nur in einer bottom-up-Bewegung, wie dies schon die Arbeiterbewegung in Österreich bewies. Mir ist vollkommen fremd, wie man von der

Sozialen Arbeit als reine Technik sprechen kann, die nach methodisch genormten Programmen ihre Entscheidungen trifft. Soziale Hilfe ist zwar einer Professionalisierung bedürftig wie es Oevermann schon „diagnostiziert" und entbehrt noch ein wenig einer gewissen überindividuell vergleichbaren Standardisierung ihrer Vorgehensweise und Qualitätskriterien, die sie mit einer Profession wie der Ärzteschaft vergleichbar machen könnte, aber genau jene lebensweltorientierte, für die Anliegen und besonderen Situationen ihres Klientel offene Beratung, macht für mich das Wesen und das Menschliche der Sozialen Arbeit aus. Das technizistisch orientiere Gegenargument gegen Ethik, tut ja fast so, als würde wissenschaftliche Ethik in der sozialen Arbeit zu inkorrekten Verfahren führen, doch scheint mir es eher der Fall zu sein, dass ohne Ethik die Soziale Arbeit zu einer Institution verkümmert die bar jedem Humanitätsansinnen, einem Computerprogramm gleich, Hilfe unter bestimmten Voraussetzungen gewährt und unter anderen nicht und dadurch ihre Vernunft verliert. Klammert man die Ethik aus, darf der Mensch als KlientIn der Sozialen Arbeit dann nicht mehr den Anspruch auf die Erfüllung von Lebensfreude als entwickelte Genussfähigkeit zum Dasein, und auch nicht mehr die Freiheit, als Selbsterfüllung und Selbstverwirklichung, stellen? Dies sind Ansprüche die ohne Ethik nicht beantwortet werden können. Soll Soziale Arbeit ihrem Klientel dabei nicht mehr helfen, eine Verbesserung des persönlichen Wohlergehens zu erreichen? Soll Soziale Arbeit nur mehr rein technische Kategorien heranziehen, wenn sie sich fragt, ob und wie sie intervenieren soll und keine ethisch- moralischen Kriterien mehr zu Rate ziehen sondern sich, einem Hobbesschen omnipotenten Leviatan gleich, über alles stellen?

2.) Da es in der heutigen Zeit zu einer Pluralisierung der Lebensentwürfe und zu kultureller Vielfalt gekommen ist, können Professionisten der Sozialen Arbeit nicht mehr ohne weiteres ein geglücktes Leben bestimmen. Diese Pluralität wird auch nicht als Orientierungsverlust, sondern als bereichernde Qualität des menschlichen Zusammenlebens betrachtet, als Legitimierung jeglicher Orientierung, die einen totalitären Wahrheitsanspruch in Frage stellt und unmöglich macht. Es kann sogar so weit wie Peter Sloterdijk gehen, der Wahrheit und Objektivität in seinem „Kultbuch" zu Absurditäten erklärt. Sloterdijk bezweifelt in diesem Zusammenhang aber auch die Fähigkeit des Menschen zu moralischem Verhalten(vgl. ebd.S.177).

Dagegen wendet Klug ein, dass man, spricht man von Wertneutralität in der heutigen Ethik, dies ein falsches und richtiges Verständnis von Ethik voraussetzt, sonst könnte man heute keinen Kontrast oder ein Fehlen von Moral feststellen. Ohne der Voraussetzung, es gäbe eine gemeinsame Vernunft, die über richtig und falsch entscheidet, wird jede Argumentation sinnlos. Will man argumentativ vorgehen, will man GesprächspartnerInnen von der eigenen Wahrheit überzeugen indem man versucht, sein Argument mit den besten Mitteln zu beweisen, setzt das die Existenz von falschen oder richtigen Aussagen voraus und man kann den Unterschied zwischen wahr und falsch durch gemeinsamen Diskurs und dem Einsatz von Vernunft erkennen. Dadurch dass ein richtig oder falsch aber erkannt wird, kann man nicht behaupten, dass diese beiden Pole relativ währen, oder es, analog, Wertneutralität in der Ethik gäbe. Schon Kant stellte fest, dass sich Ethik aus der Vernunft ableitet, die erkennt was richtig und was falsch ist(vgl. ebd.S.177f).

Bewegt man sich zwischen verschiedensten Kulturen und reflektiert über ihre Orientierungen, könnte man darauf stossen, wie relativ die Wertvorstellungen der eigenen Kultur werden und man könnte verleitet werden, Werte als nicht existent anzusehen. Doch das ist ein Trugschluss, da wir alle in einer Gemeinschaft, sei sie nun multikulturell oder nicht, zusammenleben, die für ein humanes Miteinander gemeinsame Orientierungsleitlinien braucht. Zusätzlich muss man festhalten, dass sich die Wertvorstellungen der verschiedensten Kulturen nicht einander aufheben oder konträr zueinander stehen, sondern sich im Gegenteil ein Kern an verbindenden Normen über alle Kulturen hinweg für Humanität herauskristallisieren lässt(vgl. ebd. S.178).

Ein Relativismus im Sinne einer „anything goes"- Anschauung, wird an seine Grenzen stossen, wenn es um faktische Entscheidungen geht, etwa die Frage nach der Güterverteilung. Hier ist es nicht mehr relativ, welche Werteprämissen gesetzt wurden. Die politischen Entscheidungsträger müssen Kriterien setzen, nach denen die Mittel verteilt werden. Somit braucht nicht nur Soziale Arbeit empirische und ethische Argumente sondern alle Systemelemente, die Entscheidungen über fundamentale Orientierungen treffen müssen(vgl. ebd. S. 179).

5.: Klugs Betrachtungsweise der Ethik – Abgrenzung zur transzendentalen Ethik

Der Relativismus, innewohnend zum Beispiel in dem Argument, es herrsche in einer pluralistischen Welt so etwas wie Wertneutralität, wendet sich gegen die transzendentale Ethik, d.h. eine Ethik, die sich als zeitenüberdauernd, überkulturell und prinzipienorientiert versteht. Klug verzichtet, auch aufgrund der seit kant'schen Zeiten aufgetretenen Akzeptanzprobleme einer transzendentalen Ethik, auf eine Argumentationsweise, die an der transzendentalen Ethik fusst, obwohl er weiss, dass die transzendentale Ethik wissenschaftlich gültige Aussagen treffen kann und schliesslich, zu einer ultimativen Begründung der Ethik an sich, gebraucht wird. Seine Betrachtungen der Ethik bedienen sich der Methodik des systematischen Reflektierens von Erfahrungen. Seine nicht- transzendentale Ethik bedient sich des Beobachtens, Denkens und Argumentierens, bar jeder Autorität die sie aus einer langen Geschichte beziehen könnte oder gar einer göttlichen Inspiration, wie das bei der transzendentalen Ethik der Fall ist. Mittels der systematischen Reflexion wird es möglich, zu verstehen, warum es Voraussetzungen geben muss um menschlichen Zusammenleben gelingen zu lassen(vgl. ebd. S. 179).

6.: Berufsethik als Mindestvoraussetzung für die Soziale Arbeit

Ethik kommt in der Sozialen Arbeit bei der Auseinandersetzung mit berufsinnewohnenden Problemen besonders im Zuge der berufsethischen Reflexion zum Einsatz. Die Berufsethik wird als Selbstbindung verstanden, einer eigens auferlegten Verpflichtung zu Haltungen und Grundeinstellungen. In der Sozialen Arbeit und generell in Berufsgruppen, die sich mit ihrem Dienst dem Wohl der Gesellschaft verschreiben, gehört die Berufsethik zur Mindestvoraussetzung, will man nicht dem Eigennutz verfallen. Es gibt in der Berufsethik jedoch ein Spannungsfeld zwischen einzelnen Verpflichtungen, die einander stören oder sich gar gegenseitig in den Weg stellen können(vgl. ebd.S.179).

Ich denke dabei zum Beispiel an das doppelte Mandat, dass SozialarbeiterInnen einerseits dazu verpflichtet, KlientInnen Loyalität zu erweisen, andererseits aber auch die Interessen der Gesellschaft zu waren.

Klug stellt, um den Umgang mit diesem Spannungsfeld genauer zu beleuchten, einen Vergleich zu berufsethischen Normen her, dem Code of Ethic. Hierbei betrachtet er zuerst den Berufsalltag im Zusammenhang mit Berufsethischen Normen(vgl. ebd. S.179f).

6.1 Reichen Verpflichtungen des Berufcodes bis ins Privatleben?

Nimmt man die Ausführungen des Schwedischen Berufsverbandes ernst, zeichnet sich sehr deutlich die Forderung ab, dass SozialarbeiterInnen sowohl in Beruf und Privatleben die Gleichheit aller Menschen respektieren müssen und sich ihre ethischen Einstellungen im Zuge ihrer Professionalität mit ihrer generellen Lebenseinstellung im Einklang befinden müssen. Klug beantwortet die Frage nach der Reichweite dieser "… ‚Sondermoral'…."(ebd. S.179) mit dem Hinweis auf die Notwendigkeit zur Reflexion der Berufsrolle. Beantwortet sich die Soziale Arbeit die Frage nach dem Stellenwert ihrer Verantwortung als einen besonders moralischen, der wie bei Ärzten oder Priestern über das berufliche Tun hinaus geht, so ist vertretbar, dass eine Verpflichtung des Berufscodes bis in das Privatleben hinein reicht. Sieht sich Soziale Arbeit jedoch als Beruf mit dem Stellenwert eines „…‚Job[s]'…"(ebd. S.179), der nur einen begrenzten Aufgabenbereich hat, dann kann die ethische Einstellung quasi wie das Arbeitsmäntelchen bei verlassen des Arbeitsplatzes abgestreift werden(vgl. ebd. S.180).

6.2 Problematik eines Konflikts mit den Dienstgebern – helfen die deutsche Berufsordnung?

Aufgrund der seit den 1990ern auch in Bereichen der Sozialen Arbeit auftretenden Ökonomisierung, die als Fortschritt angesehen wird, mit ihrer Verpflichtung zu mehr Effizienz und Wirtschaftlichkeit, führt, wie zum Beispiel die FinnInnen Roinisto-Melkko und Tuomanen schreiben, zu einer Reduktion des Angebots und der Möglichkeiten zu helfen mit aber gleichzeitiger Erhöhung der Bedürftigenzahl(vgl. ebd.S.181).

Was ist nun zu tun, wenn diese beiden Seiten derart auseinanderklaffen, dass sie nicht mehr miteinander in Einklang zu bringen sind. Wenn nun zum Beispiel ArbeitgeberInnen aus Effizienzgründen das „Abhandeln" von KlientInnen in mindestens 20 Minuten und das Bearbeiten von mindestens 20 Fällen pro Tag verlangen würden, dies aber die Professionalität und damit Prinzipien des Berufsethos verunmöglichen würde – inwiefern wären SozialarbeiterInnen anhand des Berufscodes gefordert, dagegen vor zu gehen? Haben ethische Standards gar Vorrang vor Anordnungen der Vorgesetzten? Zieht man die deutsche Berufsordnung des DBSH zu Rate, steht hier

> ‚"… dass in schwerwiegenden Fällen der Beeinträchtigung der Fachlichkeit durch den Dienstgeber…das Recht und die Pflicht… [besteht]… den/die Arbeitgeber/in schriftlich über schwerwiegende Mängel oder Überforderung zu informieren"(ebd. S.181).

Klug stellt zu dieser Anordnung klar, dass ÄrztInnen aufgrund ihres hippokratischen Eids einen viel wegweisenderen Grundsatz haben, welcher Seite des Konflikts der Vorrang zu geben ist. Niemand wird PatientInnen am OP-Tisch unbehandelt sterben lassen, nur weil der nächste Patient laut Dienstplan an der Reihe wäre oder das Sterbenlassen billiger wäre. Klug fordert somit eine bessere Klarstellung des „...'Sollens'...".(ebd.S.181).

6.3: Weshalb sollte die philosophische Reflexion empirischer Daten helfen?

Will man sich als SozialarbeiterIn der Herausforderung stellen, Armut und Ausgrenzung zu bekämpfen, wie das auch der internationale Berufsverband als politisches Engagement der SozialarbeiterInnen fordert, muss man sich der grossen Herausforderung bewusst sein, die ein Kampf um Soziale Gerechtigkeit in einer Gesellschaft bedeutet, die in allen Teilbereichen von der Ökonomisierung kolonialisiert wird. Zwar braucht auch Soziale Arbeit einerseits die florierende Wirtschaft, um finanziert zu werden, aber andererseits führt dieses Wirtschaftssystem dazu, Armut als Normalität anzusehen und Lasten auf die Armen abzuwälzen. Eine gerechtere Ressourcenverteilung – soziale Gerechtigkeit, kann nur durch eine philosophische Reflexion der empirischen Daten, wie etwa der Einkommens-und Vermögensverwaltung, ausschliessen, dass der Kampf um Soziale Gerechtigkeit nicht unglaubwürdig wird, wenn die Forderungen sich nicht auf empirisch begründbare Fakten stützten. Durch die Zusammenarbeit von wissenschaftlicher Ethik und Sozialer Arbeit können Spannungsfelder geklärt werden. Fachethik kann Fachlichkeit in ethischen Bewertungen zur Verfügung stellen und damit eine tragbare Berufsethik ermöglichen, die es ermöglicht sich den Herausforderungen unserer Zeit zu stellen(vgl. ebd. S.181f).

7.:Schluss:

Nach der Beschäftigung mit Klugs` Beitrag wurde mir umso mehr klar, wie wichtig die Verteidigung der Ethik in der Sozialen Arbeit in einer Welt ist, die von Ideen der Ökonomie, Effizienz und damit naivem Technikglauben, in die Defensiv getrieben wird. Gerade das Wesen der Sozialen Arbeit macht ein auf individuelle Problemlagen offen reagierendes Vorgehen und damit verbundene ethische Berufsreflexion aus. Es hat Auswirkungen auf die Verteilung von Startchancen und Selbstentwicklungsmöglichkeiten, ob ich KlientInnen mit möglichst schnellen und billigen Mitteln wieder eine gewohnte Lebensweise ermögliche oder ob ich sie sich an der Diskussion über die Ursachen ihrer Lage beteiligen und sie die passende Hilfe selbst finden lasse. Hier ist für mich klar die politische Aufgabe der Sozialen Arbeit erkennbar, als HüterIn der sozialen Gerechtigkeit, die ohne ethische Diskussion nicht auskommt. Ohne ethische Kompetenz können SozialarbeiterInnen nicht professionell handeln und zum Beispiel den Grundwert der Selbstbestimmtheit der KlientInnen verletzen. Soziale Arbeit muss werten, weil sie sonst aufhört, Arbeit von Menschen mit Menschen zu sein. Ihre Werte dürfen aber weder gruppenspezifisch noch bloss situativ begründet sein, sie müssen Allgemeingültigkeit anzielen. SozialarbeiterInnen brauchen ethische Berufscodes auch dazu, um sich gegen überfordernde Vorgaben ihrer DienstgeberInnen zur Wehr setzen zu können. Dabei sollten diese ethische Berufscodes jedoch noch klarer das „Sollen" beschreiben und den SozialarbeiterInnen ähnlich wie den ÄrztInnen es der hippokratische Eid ist, ein Leitstern sein. Dabei ist der Einwand unwesentlich, dass wir es in einer pluralistischen Welt mit

„Wertneutralität" zu tun haben, weil ich den Gedanken teile, dass in jeder Kultur, sei sie in ihren normativen Grundsätzen noch so konträr zu unserer, sich über alle Kulturen hinweg vergleichbare Grundsätze des Humanen finden lassen, auf die man sich, als Voraussetzung für ein gelingendes Zusammenleben einigen kann. Wer in der sozialen Arbeit tätig ist, kann sich auch nicht einfach „wertneutral" verhalten als reiner Vermittler zwischen Personen, da er als SozialarbeiterIn meiner Ansicht nach für die soziale Gerechtigkeit und die Vermittlung der richtigen Werte kämpfen muss und sich für Benachteiligte einsetzen muss. Indem SozialarbeiterInnen eigene Werte haben an die sie sich halten, sollen sie aber auch nicht die Toleranz gegenüber anderen Werten verlieren. Diese Toleranz meint aber nicht eine Laissez-faire- Einstellung denn nur wenn ich selbst einen Standpunkt habe erwerbe ich mir erst die Fähigkeit tolerant zu sein, da ich damit etwas in die „Werte-Diskussion" einbringen kann. Wissenschaftliche Ethik ist zudem, in einer philosophischen Reflexion empirischer Daten, in Zusammenarbeit mit der Sozialen Arbeit erforderlich, um Forderungen mit entsprechenden Fakten untermauern zu können und darf daher aus ökonomischen Gesinnungen heraus nicht wegrationalisiert werden. Wo blieben NGO's ohne ihre Berufung auf die Menschenrechte oder anderer humanitärer Grundsätze und warum spricht man anerkannteren Professionen, wie etwa den PsychologInnen, nicht die Notwendigkeit ethischer Grundsätze ab? Es wird Zeit dass Soziale Arbeit ihre Berufsrolle reflektiert und ihren, hoffentlich hohen Stellenwert von Verantwortung klarstellt, um ethische Stellenwerte nicht aufgeben zu müssen.

Literaturverzeichnis:

Klug, W (2000): Braucht die Soziale Arbeit eine Ethik? - Ethische Fragestellungen als Beitrag zur Diskussion der Sozialarbeitswissenschaft im Kontext ökonomischer Herausforderungen. In: Udo Wilken (Hrsg.): Soziale Arbeit zwischen Ethik und Ökonomie. Freiburg 2000. S. 175-206.

Internetquellen:
Klug, W (2003): Mit Konzept planen - effektiv helfen. Entnommen aus: http://www.socialnet.de/rezensionen/1091.php Entnommen am: 7.7.2010

BEI GRIN MACHT SICH IHR WISSEN BEZAHLT

- Wir veröffentlichen Ihre Hausarbeit, Bachelor- und Masterarbeit

- Ihr eigenes eBook und Buch - weltweit in allen wichtigen Shops

- Verdienen Sie an jedem Verkauf

Jetzt bei www.GRIN.com hochladen und kostenlos publizieren